Quels drôle

Nadine Descheneaux et Sophie Rondeau

Illustrations : Michel Etter

Directrice de collection : Denise Gaouette

Rat de bibliothèque

Catalogage avant publication de Bibliothèque et Archives nationales du Québec et Bibliothèque et Archives Canada

Descheneaux, Nadine
Rondeau, Sophie

   Quels drôles d'orteils!

   (Rat de bibliothèque. Série bleue ; 14)
   Pour enfants de 7 ans.

   ISBN 978-2-7613-2376-5

   I. Etter, Michel. II. Titre. III. Collection: Rat de bibliothèque (Saint-Laurent, Québec). Série bleue ; 14.

PS8607.E757Q44 2007   jC843'.6   C2007-941056-1
PS9607.E757Q44 2007

Éditrice: Johanne Tremblay

Réviseure linguistique: Nicole Côté

Directrice artistique: Hélène Cousineau

Édition électronique: Talisman illustration design

© ÉDITIONS DU RENOUVEAU PÉDAGOGIQUE INC., 2007
Tous droits réservés.

On ne peut reproduire aucun extrait de ce livre sous quelque forme ou par quelque procédé que ce soit – sur machine électronique, mécanique, à photocopier ou à enregistrer, ou autrement – sans avoir obtenu, au préalable, la permission écrite des ÉDITIONS DU RENOUVEAU PÉDAGOGIQUE INC.

Dépôt légal – Bibliothèque et Archives nationales du Québec, 2007
Dépôt légal – Bibliothèque et Archives Canada, 2007

1234567890 EMP 0987
11103 ABCD   PSM16

IMPRIMÉ AU CANADA

Julien se plaint tout le temps.
Aujourd'hui, un de ses orteils
saigne un peu.
Julien grimace. Il pleurniche.
Sa maman le taquine :
— Julien, je peux couper ton orteil.

La maman de Julien a beaucoup d'idées.
— Je pourrais remplacer ton orteil
par un crayon de cire.
Tu pourrais dessiner sur le plancher.
Quels beaux graffitis tu inventerais !

Je pourrais remplacer ton orteil
par une flûte.
Tu pourrais faire des acrobaties
pour jouer de la musique.
Quel as de la gymnastique tu deviendrais !

Je pourrais remplacer ton orteil
par un ski.
Tu pourrais t'entraîner à ne pas courir
dans les escaliers.
Quel athlète prudent tu serais !

Je pourrais remplacer ton orteil par une clé.
Tu pourrais déverrouiller la porte en sautillant sur un pied.
Quel habile danseur tu deviendrais !

Je pourrais remplacer ton orteil
par une saucisse.
Tu pourrais te faire mordiller le pied
par tous les chiens du quartier.
Quel casse-croûte de choix tu serais !

Je pourrais remplacer ton orteil
par un suçon bien léché.
Tu pourrais coller au plafond.
Quel pot de colle attachant tu serais !

Je pourrais remplacer ton orteil par un tournevis.
Tu pourrais jouer dans mon coffre à outils.
Quel bricoleur talentueux tu deviendrais !

Je pourrais remplacer ton orteil
par une fleur.
Tu pourrais arroser ta fleur
chaque fois qu'elle manque d'eau.
Quel jardinier attentif tu serais !

Je pourrais remplacer ton orteil par un ressort.
Tu pourrais bondir partout.
Quel beau kangourou tu serais !

Je pourrais remplacer ton orteil
par une fourchette.
Tu pourrais trouer tous tes bas.
Quel génie de la mode tu deviendrais !

Je pourrais remplacer ton orteil
par une brosse à dents.
Tu pourrais éviter tous les dentistes.
Tes orteils n'auraient pas de carie.
Quel bel hygiéniste des pieds tu serais !

Je pourrais remplacer ton orteil
par une branche.
Tu pourrais inviter tous les oiseaux
à y faire leur nid.
Quel oiseleur attirant tu serais !

Maman chatouille l'orteil de Julien.
—Quel orteil de rechange préfères-tu ?
Julien s'impatiente.
—Arrête, maman ! J'ai compris.
 Je ne veux pas d'orteil de rechange.
 Je veux juste un petit pansement.